AF201133

Johann August Schlettwein

Briefe an eine Freundin über die Leiden des jungen Werthers

Johann August Schlettwein

Briefe an eine Freundin über die Leiden des jungen Werthers

ISBN/EAN: 9783743471177

Hergestellt in Europa, USA, Kanada, Australien, Japan

Cover: Foto ©ninafisch / pixelio.de

Weitere Bücher finden Sie auf **www.hansebooks.com**

Briefe

an eine Freundinn

über die Leiden

des

jungen Werthers.

Carlsruhe,
bey Michael Macklot,
1775.

Erster Brief.

Ich habe mir wohl vermuthen können, theuerste Freundinn! daß Sie mir auch einmal etwas von den Leiden des jungen Werthers melden würden. Jeder Ausdruck Ihres schönen Schreibens ist ein neuer Beweis von dem lebhaften Gefühl, mit welchem Sie, an den traurigen Schicksalen aller Ihrer Mitmenschen den zärtlichsten Antheil nehmen. Werthers Krankheit und Tod verdient Ihre warme Thräne, welche der Menschheit zur Ehre aus dem sanften Auge hervor quillt, langsam über die gelassene Miene herabrollt, und endlich sich wieder in den schwellenden Busen versenkt, wo Unschuld und göttliches Mitleid sie gezeugt hatten. — — Und ich, ich sollte Dir, armer Werther! Vorwürfe machen und Deine Asche verfluchen können. Freundinn! Sie kennen mein Herz, Sie kennen mein Innerstes; wie war es Ihnen möglich, stolze, richtende Vorwürfe gegen Werthern, von Ihrem Freund zu befürchten. Lange schon habe ich dieses Wort aus meiner Sprache verbannt, so lange, daß ich mich erst habe besinnen müssen, was andre mit diesem Ausdruck sagen wol-

len.

len. Sünde ist es, sich Unglückliche zu denken, welche ganz unabhängig von allem, blos aus boshaftem Eigensinn sich ergötzen, das Böse zu thun, weil es bös ist. Wenn dieses wäre, ich würde mich nicht beruhigen, diesen vorsätzlichen Feinden der Ordnung Vorwürfe entgegen zu stellen. Sie würden in meinen Augen wüthende Ungeheuer der menschlichen Gesellschaft seyn. Keine Vergebung! ich würde Sie hassen, verfolgen, und im Fall daß Sie ungeachtet aller Vorstellungen, gegen innere Ueberzeugung auf dem verderbenden Eigensinn beharren würden, aus Pflicht mein Leben nicht schonen, sie zu tödten. Alle andre, theils aus gerechtem Haß gegen Bosheit, theils aus Vorsorge eigner Sicherheit würden gezwungen seyn, das nemliche zu thun.

Die Erfahrung bestättigt die traurigen Folgen jener schädlichen Lehre mehr als zu viel. Wir empfinden die Wirkungen dieses giftigen Unkrauts, das rings um sich her den schwarzen Saamen von Haß, Verfolgung und Tod verbreitet, und alle zarte Pflanzen von Liebe und Vergebung seiner Freunde erstickt. Ich mache keinem Menschen Vorwürfe, sogar meinen Feinden nicht, welche mir schaden; am allerwenigsten Werthern.

Ihm gab die Natur ein weiches, zartes Herz, fähig zu allen Eindrücken, und verband mit diesem Herzen eine ausserordentliche Einbildungskraft. Aber diese nahm oder bekam schon früh eine unglückliche Richtung. Unersättlich durchschweifte sie die unbegränzten Gefilde der Dichtkunst; gereizt von den angenehmen Coloritten tausend schöner Blumen, unter welchen die wenigsten in dem Reich der Natur gefunden werden, wünschte sie und sein ihr unterliegendes
Herz,

Herz, nicht jede einzeln, sondern alle auf einmal zu ge=
nießen; Sie rauscht über die bunte Oberfläche hinweg, und
genießt nicht; denn ihre ganze Empfindung schränkt sich in
sinnlichen Eindrücken äusserer Farben ein. Früh schon in
der ersten Blühte der Jugend muß Werther der Leiche sei=
ner Freundinn folgen, im innersten erschüttert, geäng=
stiget, zerrissen, stürzt er sich neben dem Grab hin. Amts=
geschäfte fangen an, ihm eckelhaft zu werden, er verläßt
seinen Geburtsort, entreißt sich seinen Freunden, lebt auf
dem Land, und glaubt sich stark genug, sich selbst zu über=
lassen. Unvermuthet fügt es sich, daß ein Ball, Lotten
und Werthern zusammen bringt. Ein von dem schwarzen
Aug aufgefangner Blick, ein Druck der Hand, eine leichte
Wendung im Tanzen und das unglückliche Walzen über=
spannt plötzlich seine von Sinnlichkeit rollende Einbildungs=
kraft. Er spricht von Lottens Güte und Verstand, hält
beyde für leidige Abstraktionen; ihre Seelenruhe für gar=
stiges Gewäsch. Die tägliche Gelegenheit um Lotten zu
seyn, Alberts Abwesenheit, und die heimliche Hoffnung,
Lotten vielleicht selbst zu besitzen, verhindern einige Zeit den
Ausbruch dieser gährenden Leidenschaften. Albert kommt,
nimmt Lotten hinweg, entdeckt nach und nach die sinnliche
Begierde seines Buhlers, und wird argwöhnisch. Werther,
der blos in Eitelkeit und in der Sättigung seiner sinnlichen
Lust den Genuß seines Lebens setzt, und nunmehr die völ=
lige Unmöglichkeit vor sich sieht, jemals dahin zu gelan=
gen, sieht seinen ganzen Horizont auf einmal rings umher
mit schwarzen Teppichen bespannt. Die Welt sinkt unter
seinen Füssen. Er träumt von Seelenruhe, und bedauert
ihre Zerbrechlichkeit. Deutlicher Beweis, daß Werther
nicht wußte, was Ruhe der Seele heißt. Gehorsam, oder
welches einerley ist, harmonische Verhältnisse mit Gott, kön=

nen

nen ihrer Natur nach nicht zerbrechlich seyn, sondern müssen mit jedem Tag vollkommner und dauerhafter werden. Werther, in seiner nunmehr ganz verstimmten Fassung war physisch nicht fähig, göttliche Töne anzunehmen. Seine leichte Ideen von einer göttlichen Vorsehung blieben vorüberscheinende Schattenbilder ohne Trost, ohne Eindruck: noch vielweniger konnte derselbe mit andern vollkommnen Freunden der Wahrheit, in sich die Ueberzeugung fühlen, daß eine allmächtige Gütigkeit ohne Grenzen sein individuelles Beste bewirken müsse. Müde der ängstlichen Quaal ohne Erquickung, überdrüssig seiner Tage ohne Ruhe, greift unser kranker Werther nach der Pistole, schießt, und giebt durch den Knall seines abgebrannten Gewehrs der ganzen Welt die Losung, daß er weder Freunde, noch Lotten, noch sich selbsten geliebt hatte.

Nimmermehr hätte dieser schwarze Gedanke in Werthers Busen genährt werden können, wann sein Herz damals die geringste Stimmung zur schönen Liebe gehabt hätte. Zur schönen Liebe, Theuerste! welche ich für Sie empfinde. Gesegnet, unschätzbar, noch im Tode entzückend, sind mir die herrlichsten Stunden meines Lebens, in welchen Sie meine Freundinn worden sind.

Sie waren in keinem feyerlichen Putz, und hatten keine fremden Reize von der Kunst entlehnt, so wie die meisten von Ihrem Geschlecht, welche die muntern Stunden des Morgens mit Schachteln, Pinseln und Farben verschwenden, um ihr falsches Gesicht unter der Schminke mit eben der Sorgfalt zu verstecken, womit sie des Tags über in Gesellschaften ihr Herz zu verstecken suchen. Die Anlage ihrer Züge ist schon die vollkommenste Schönheit. Die
bilden=

bildende Natur hat gewußt, in denselben das schöne Herz auszuzeichnen, welches in ihrem tugendhaften Busen schlägt. Jede ihrer Minen ist Empfindsamkeit und Wohlthun, jeder Blick unschuldige Aufrichtigkeit, unschuldig wie der jugendliche Morgen der auf unbefleckten Wangen blüht. Aber welche Heiterkeit erhöhte alsdann erst alle diese Reize, als wir anfiengen, uns freundschaftlich zu unterhalten, und erwärmt von höhern Empfindungen, ihre schöne Seele sich ganz in dem Gesicht bildete. Ich habe gewiß damals mehr gefühlt, als Werther, wenn er in dem vesten Entschluß, sich zu erschiessen, zum letztenmal nach Lotten taumelt, mit verrücktem Sinn in voller Verzweiflung sich vor ihr niederwirft, ihre Hände faßt, sie in seine Augen drückt, und denn in schwärmender Betäubung dahin sinkt. Es ist wahr, auch mir fiel die Trennung empfindlich, und ihre Entfernung kann nicht anders als mir noch unangenehm seyn. Ich fühle den Verlust von tausend Ergötzlichkeiten jener sinnlichen Reize, die ohne um Ihnen zu seyn, nicht können sich zugeeignet werden. Zum Glück ist das wesentliche Schöne der Liebe, dem Eigensinn geographischen Grade nicht unterworfen. Sinnliche Reize sind in der Liebe nur das, was anmuthige Gärten, schöne Schildereyen, harmonische Töne, köstbare Speisen und süsse Weine in Ansehung des Genusses unsers Lebens sind. Ich liebe Sie in jeder guten Empfindung, in jeder guten Handlung. Sogleich denke ich, daß ich meiner Freundinn wieder ähnlicher bin, und Sie wegen eben dieser grössern Aehnlichkeit mich besser lieben müsse. Religion ist nichts anders als Liebe, und keine andre, als eben diese, welche ich für Sie empfinde. — Aber wenn Albert käme — — — und wenn er käme, und Lotte, seine Gattinn würde, so würde Albert von diesem Augenblick an, der würdigste meiner Freun-

A 4

de

de werden, weil er der erste meiner Freundinn ist, und mit ihrem Glück die Wünsche meiner Liebe erfüllt. Die geringste Unzufriedenheit würde eine ausschliesende Selbstliebe verrathen. Ich würde mich verachten, und mir das Urtheil sprechen müssen, daß ich ihrer erhöhten Freundschaft unwürdig gewesen. — — Gott wie verschieden sind unsere Entschliessungen, unsere Handlungen, gut oder bös, nachdem wahre oder falsche Begriffe die Richtungen unserer Seele werden. Eben dieserwegen scheint mir aber auch ein Unglücklicher, der sich erschießt, noch tugendhaft zu seyn, wenn wir ihn an die Seite eines andern Unglüklichen setzen, der sich ein Geschäft macht, Unvollkommenheit in witzigen Einkleidungen als Vollkommenheiten darzustellen, und durch eben diese falsche Richtungen manchen Unschuldigen, zum Nachtheil seiner Mitbürger und deren Nachkommen zum Bösen stimmt. Unter diese Art von Unglücklichen gehört der Verfasser der Leiden des jungen Werthers, jetzt doppelt nachdem seine falsche Lehre den Beyfall in ihren Gegenden gewonnen hat. — Diese Nachricht betrübt mich, und muß jedem weh thun, der nicht ganz Unmensch ist! Kann ein Glied des menschlichen Körpers über die innerliche Verhärtung und dem daraus entstehenden Krebs oder Brand eines andern sich freuen, die Krankheit loben, und dem damit behafteten Theil seine Bewunderung hingeben, können die meisten Glieder des Leibes durch diese verrückte Vorstellungen geblendet werden, den Ton des kranken Glieds bewundern, und seinen Krebsartigen oder brandigten Charakter lieben, so ist es gewiß mit der Gesundheit des ganzen Körpers geschehen. Nichts ist natürlicher als dieses! Aber eben dieses ist gerade der Fall, den wir vor uns haben. Der junge Werther, ein Glied der menschlichen Gesellschaft wird durch seine unbegnügte sinnliche

Be-

Begierde gegen alle Eindrücke der Wahrheit verhärtet. Die
Begierden gehen in brausende Gährungen, und wirken ei=
einen tödtenden Brand. Werther stirbt an dieser Krankheit.
Der Verfasser seiner Leiden, ein anderes Mitglied der
menschlichen Gesellschaft, freut sich, daß sein Mitbruder
diese tödtliche Krankheit hatte. Er bildet diesen Brand des
armen Werthers allen übrigen seiner Mitbrüder als etwas
grosses und bewundernswürdiges ab, und verheißt sogar
nach seiner Abbildung allen denen einen Trost, welche die
unglückliche Disposition zu gleichem tödtenden Brande ha=
ben. Sind nun ihre Mitbürger, theuerste Freundinn!
durch diese Vorstellungen so weit verblendet, daß sie Werthern
lieben und bewundern, und an dem Buche seiner Leiden
Vergnügen finden, so ist gewiß schon das ganze Funda=
ment von der Glückseligkeit der Gesellschaft untergraben,
und müssen von allen Seiten her Zerrüttungen in der phy=
sischen, sittlichen, wirthschaftlichen und politischen Ord=
nung entstehen.

Ich schaudere; die fürchterlichen Folgen verewigen sich,
wenn den falschen Richtungen, welche ihre Mitbürger er=
halten haben, nicht begegnet wird. Die ihrigen sind zwar
hieburch nicht geändert; ich weiß es; doch wird es Ihnen
nicht unangenehm seyn, wann ich einige Grundsätze, die
in diesem Buch aufgestellt worden, genauer untersuche, und
das versteckte Böse ganz in seiner häßlichen Blöse und allen
daraus entstehenden Folgen darstelle. Geben Sie meine
Briefe ihren Freunden und Freundinnen, und ersetzen Sie
mündlich alles dasjenige, was ich hätte sagen sollen, und
entweder gar nicht, oder doch wenigstens nicht in gewünsch=
ter Simplicität gesagt habe. Leben Sie wohl!

Zweyter

Zweyter Brief.

„ Die Begierde, seine Leidenschaften zu befriedi=
„ gen ist der wesentliche Trieb der menschlichen Na=
„ tur; sie in ungezähmten Fluthen ausbrechen lassen,
„ macht den grosen, den ausserordentlichen Men=
„ schen; Regeln und Gesetze verhindern ihre elasti=
„ sche Kraft, und stimmen zum Mittelmässigen her=
„ unter; —

Diß, theuerste Freundinn! ist die Lieblingsidee wel=
che auf allen Blättern in den Leiden Werthers bald unter
dieser, bald unter jener angenommenen Gestalt erscheint,
blos um uns durch den falschen Charakter des grosen,
des ausserordentlichen dahin zu verleiten, daß wir Wer=
thers schwärmende, sinnliche Liebe oder vielmehr seinen
wütenden Brand für erhöhete Natur, und die über dem
rechten Aug angesetzte Pistole für Heldenmuth halten
sollen.

Es ist Leider! so weit, ich muß es zur Schande der
ausgearteten Menschheit sagen, — daß die meisten von der
bösartigen Triebfeder zügelloser Leidenschaften gespannt wer=
den. Aber ich frage die ganze Welt, nur Werthern, und
die, in welchen die Geistes= und Herzenskrankheit in gleich
hohem Grade angestiegen ist, ausgenommen, ob wohl der
.... en jeder in sich empfindet, Haß gegen sein eigen
Leben

Leben, Haß gegen den Genuß deſſelben iſt. Ehe noch die Erfahrung uns eine Idee von Leben und Erhalten hat geben können, empfinden wir den Trieb zum Leben und zur Erhaltung: Der Hunger, der Durſt, der ſeine Befriedigung von dem Kinde verlangt, zwingt es zu weinen, und Bedürfniſſe zu verlangen, von welchen es keinen Gedanken hat. Sein Geſchmack heißt es das Bittere wegwerfen, und das ſüſſe in ſeinen Mund nehmen. Leben und angenehm leben, iſt der weſentliche Trieb eines jeden Menſchen. Selbſt die Reize der Natur und deren Wirkung auf uns, predigen uns die Abſicht unſers Schöpfers!

Das Aug, welches ſich freuet, wenn es von den Höhen herab die Fluren des fruchtbaren Thals durchſtreift, und das Ohr, welches die Vögel in harmoniſchen Chören ſingen hört, fühlt den Endzweck der Natur und des Schöpfers. Die blühende Linde, welche, erquickt von einem warmen Regen, ihre balſamiſchen Düfte wieder dankbar verbreitet, predigt ihn dem müden Wanderer, anſchauend zu, und die ſaftige Traube, die der Durſtige in ſeinen Becher preßt, damit ſeine lechzende Zunge labt, ſpricht in dem Gelabten welcher auf einmal Wonne und Leben fühlt.

Allein, eben derjenige, der vorher von der Anhöhe herab an dem unten gelegenen Thal ſich ergötzt, ſoll jetzt auf einem Felſen ſtehen, wo er ſich ganz verlaſſen ohne Hülfe ſieht, ſich für dem Abgrund entſetzt, und von einem Schwindel eingenommen, jeden Augenblick zu ſtürzen ſich in Gefahr fühlt. Derjenige, welcher vorher mit vieler Empfindung dem muntern Chor ſeiner Sänger zugehört, ſoll an den falſchen Eid denken, den er zum Schaden ſeines Ach und Weh rufenden Nächſten geſchworen hat. Der müde
Wan-

Wanderer unter der Linde, soll seine mörderischen Hände im
Blut des Erschlagenen eingetaugt haben und von Angst, und
Furcht gefoltert werden. Der Becher, welchen jener mit
so viel Erquickung genossen hat, soll von einem Unmenschen
ausgeleert werden, welcher die Qualen des Neids und des
Menschenschenhasses in seinem Innern fühlt. Umsonst lacht
die Anmuth des Thals, umsonst erklingen die Töne der
singenden Vögel, umsonst düftet die Linde, und die Traube bringt ihre Säfte vergebens.

Herr also von allen Reichthümern der Natur seyn und
alle in sich verschlingen können, ist zur Empfindung eines
angenehmen Lebens nicht zureichend, sondern es wird noch
ausserdem ein Zustand in unserm Inwendigen erfordert,
welcher uns die Receptivität zu schönen Empfindungen des
Guten und Angenehmen verschafft; und, Theuerste! schen-
ken Sie dieser Wahrheit ihre ganze Aufmerksamkeit! Eben
dieser innere Zustand, in welchen wir zu schönen Empfindungen aller angenehmen Einflüsse gestimmt sind, macht
uns auch des wahren seligen Genusses der angenehmen Einflüsse fähig, giebt uns Gesundheit und langes Leben; schüt-
tet ein immer wieder volles Füllhorn des Seegens in und
über uns aus, und läßt uns kein Gutes ermangeln.

Harmonische Stimmung unsers ganzen We-
sens mit Gott, das ist die Quelle der reinen Seligkeit,
der Baum des Lebens, der seine unbegränzten Zweige von sich
hinaus streckt, und seine süßen Früchte in unsern frommen
Schoos fallen läßt; das Reich Gottes, nach welchem wir
am ersten vor allen Gütern streben sollen.

Gott ist das überall gegenwärtige gute Wesen, das Leben der ganzen Natur. Seine Idee ist Vollkommenheit, und nach dieser Idee, welche ihm absolut wesentlich ist, wirkt er in allen individuellen Modificationen, besonders in dem Menschen, welcher in Ansehung der höhern Kräfte seiner denkenden und empfindenden Seele dem Bilde seines Schöpfers sich in der sichtbaren Sphäre am meisten nähert. Allein die göttliche Wirkung auf uns, erfordert auf unsrer Seite eine Fähigkeit, die göttliche Töne anzunehmen. Soll also unsre Seele mit der göttlichen Idee harmonisch gestimmt seyn, so muß der Trieb zur Vollkommenheit, welcher unserm Schöpfer wesentlich ist, auch uns wesentlich seyn. Unsre Idee muß also Liebe zur Vollkommenheit, zur Wahrheit, zur Vergröserung seyn, von ihr belebt und angefeuert, müssen wir unsre Entschliessungen und unsre Handlungen einrichten, ohne vorher auf uns zu denken, ohne Ueberlegungen anzustellen, ob auch diese oder jene Entschliessung, diese oder jene Handlung unsrer zufälligen Verfassung vortheilhaft oder nachtheilig seyn möchte.

Freundinn! braucht es wohl noch erst eines Beweises, daß aus diesem seligen Zustand des Tugendhaften, alle Glückseligkeiten entspringen müssen, welche der Genuß eines angenehmen Lebens erfordert. Gott lebt in mir, und ich lebe in Gott, und ich sollte nicht gesund seyn, nicht lange auf Erden leben, mein Leben nicht in dem grössesten Grad der Glückseligkeit geniesen. Weder Neid noch Haß, weder Furcht noch Hoffnung, weder Sorge noch Kummer stürmen auf den Organismus meines Wesens. Jeder Gedanke ist Trost, jede Handlung Erquickung. Ganz überlassen der gütigsten Vorsicht, welche nunmehr in voller Kraft auf mich wirken will, wirke ich ihr schon harmonisch entge-

entgegen. Alle Stralen des göttlichen Lichts concentriren sich, und das Herz dieses Gottesfreundes wird täglich von neuem göttlichem Feuer gewärmt.

Stutzen Sie ja nicht über die Erfahrung, edle Freundinn! wenn Sie tausende im Jammer und Elend unter Seufzern oder trostlosen Verzweiflungen, den siechen Körper nach dem frühen Grabe schleppen sehen.

Wie leicht würde es seyn, den Grund dieses bejammernswürdigen Zustands so vieler tausenden unsrer Mitmenschen einzusehen, wenn es den Menschen gegeben wäre, Herz und Nieren auszuforschen; allein so sehr auch jeder Mensch seine schwache Seite zu verstecken sucht, so verrathen doch ihre Entschliessungen, ihre Handlungen das dißharmonische Verhältniß, welches sie mit Gott haben.

Der Monarch auf dem Thron, bestraft, belohnt und befiehlt öfters nur in Absicht auf sich selbst, und wenn er sich die Vergrößerung des Wohlstands seiner Unterthanen angelegen seyn läßt, so geschieht es meistentheils nur in der eigennützigen Absicht, seine Einkünfte zu vergrößern und mit denselben Werke der Eitelkeit auszuführen, oder seine Armeen zu verstärken, um gelegenheitlich seinen Nachbar unterzujochen. Auch seine Räthe denken erst auf sich, und wenige derselben, werden der Wahrheit zu lieb, sich in Gefahr setzen sich von ihrem Amt entsetzen zu lassen. Der Bürger, welcher bey dieser oder jener Art von Gewerbe seinen Vortheil findet, ist wegen des Schadens, den er hierdurch andern verursacht, wenig bekümmert. Der Landmann, welcher seine Felder bestellt, wünscht, in dem er seine Saat ausstreut, Fluch und Unfruchtbarkeit auf den Acker

Acker seines Nachbars ausstreuen zu können um den Preiß seiner künftigen Ernde zu erhöhen, oder um das Vergnügen zu haben, seinen Nachbar unglücklich zu sehen. —

Ist einmal die Triebfeder unsrer verstimmten Seele Eigennuß, so hat das Laster freyes Feld. Der eigennützige Monarch wird ein Tyrann, seine eigennützigen Räthe Verräther des Vaterlands und Unterdrücker des Volks, der Bürger und der Landmann entweder seine Betrüger, oder Diebe und Mörder.

Ist es möglich, theuerste Freundinn! daß ein reines ganz zur Vollkommenheit gestimmtes Wesen auf Menschen wirken kann, die sich zu Gott verhalten, wie zum Oel das Wasser — —

Woher mag aber wohl die falsche Stimmung kommen, welche den meisten Menschen eine von Gott abweichende Richtung giebt? Ich glaube diese Frage am besten mit einem Beyspiel aus der politischen Welt beantworten zu können. Sie wissen, daß der Reichthum eines Staats in der Zahl seiner Produkte besteht, und daß man also den Reichthum eines Staats vermehrt, wenn man die Masse seiner Produkte vergrösert. Sie wissen aber auch, daß eben diese Vergröserung der Masse an Produkten, als eine Folge von Freyheit und gesichertem Eigenthum, sich nicht in einem Staate denken läßt, wo die Gewerbe und der Handel eingeschrenkt und die Abgaben arbitrarisch ohne Rücksicht auf ihre Natur bestimmt werden. Es ist kein Staat in der Welt, wo man nicht die Absicht hat, die Produkte desselben zu vermehren; aber man denkt meistentheils nicht den Zwang des eingeschränkten Handels aufzuheben, und statt

der

der unnatürlichen Abgaben, solche einzuführen, welche die Beysteuer zu öffentlichen Lastern in einem der Gerechtigkeit angemessenen Verhältniß distribuirt; ja man schrenkt die wenige Freyheit noch mehr ein, man ersinnt neue Taxen, die noch unnatürlicher sind als die erstern, man stutzt die Aeste bis auf den Stamm, man sticht die Wurzeln ab, man sägt und hau't in den Stamm selbst, und hofft nunmehro einen an Früchten gesegneten Herbst.

Eben so und nicht anders wie es in der politischen Welt geht, eben so geht es auch in der sittlichen. Jeder Mensch empfindet, daß es gut ist ein angenehmes Leben zu geniesen, er denkt aber nicht sich diejenige Richtung nach Gott zu geben, welche mit den Bedürfnissen, ihn zu dem angenehmen Genuß derselben fähig macht; er entfernt sich vielmehr von dieser Richtung zu Gott, indem er durch ungerechte Wege des Eigennutzes sich Bedürfnisse zu erwerben sucht, die ihm am Ende doch nichts helfen können.

Der Verfasser der Leiden des Werthers, scheuet sich nicht, die Begierde nach Leidenschaften, dem Menschen, als den Trieb aller ihrer Handlungen anzudichten. Er schwärmt so ausgelassen, daß er nur diejenige zum grosen, zum ausserordentlichen fähig hält, welche sich ganz diesem viehischen Trieb ergeben. Der Tugendhafte, welcher sein Brod mit Dank bricht, und dem Darbenden die Hälfte reicht, ist in seinen Augen ein Zwerg. Der Säufer, der nach dem Baßglas tappt, es mechanisch in sich hineinstürzt und dann unter den Tisch sinkt, ist groß. Wer beseelt von dem Gefühl einer erhöhten Freundschaft, die Reize seiner schönen Freundinn doppelt empfindet und alle ihre Seligkeiten mit allen seinen Kräften genießt, ist pöbelhaft.

haft. Der finnliche Schwärmer tritt hinter den Vorhang, jagt sich eine Kugel durch den Kopf, und ist ein Held. Sey groß, heißt in der Sprache des Verfassers: sey in allem was du bist, ausgelassen, sey ein unerträglicher Nachbar, ein Böswicht, ein Säufer, ein rasender viehischer Liebhaber u. s. w. Eine schöne Sprache, sie kitzelt das Ohr des Lasterhaften, sie ist aber nicht die Sprache der Natur. Nur ein warmer sanfter Regen erfrischt die Flur der Blumen, richtet die verwelkten Pflanzen auf, nähret die Knospen, und giebt der Blühte neuen Geruch; heftige Platzregen überschwemmen den Boden, machen die Erde vester, verwüsten die Flur, strecken die Pflanzen zur Erde, und schlagen Knospen und Blühten ab. Nur die gemäßigte Wärme erquickt und nähret, die Flamme wütet und verzehret.

Zum Beschluß, Freundinn! nur noch eins. Schrenkt sich ein Künstler in Regeln ein, sagt der Verfasser, so ists mit seiner Kunst aus, und eine Seite vorher gesteht er selbst, daß Werther eine wohlgeordnete sehr interessante Zeichnung verfertigt, ohne das mindeste von dem Seinigen hinzugethan zu haben, und sich dieserwegen entschlossen, sich künftighin an die Natur zu halten. Diß heißt, der Künstler, mit dessen Kunst es aus ist, wenn er sich an Regeln bindet, muß um wohlgeordnete sehr interessante Zeichnungen zu verfertigen, von dem Seinen nichts hinzu thun, sondern sich ganz allein an die Natur binden. Ist denn die Natur nicht Regel in recht eigentlichem Verstande? Willkühr ist gewiß weit weniger Regel, als die Natur es ist. — Leidenschaften für den Trieb des Menschen ausgeben, welcher zum Grosen führt, ist der Stempel des Unsinns, aber nicht — des Genies.

B   Dritter

Dritter Brief.

Schon wieder so ein Kerl, der mit seinem unbedeu=
tenden Gemeinspruch angezogen kommt, und mit ge=
stempelten Kunstwörtern drein tölpeln will. Ich
möchte mit den Zähnen knirschen; schafft mir den
Kerl vom Hals.

Ungefähr in diesem naiven, aber bis zur Unart aus=
schweifendem Ton, werden manche von unsern schönen
Geistern, welche bey einer allzuwarmen Empfindung
von ganzem Herzen, Wohlstand, Tugend und Wahrheit
beleidigen, mit dem Verfasser der Leiden enthusiastisch aus=
brechen, wenn mein letzter Brief in ihre Hände fallen
sollte.

Wollte Gott, daß jene wichtige Wahrheit, womit ich
Sie, tugendhafte Freundinn!, letzthin unterhalten, ein
solcher Gemeinspruch wäre, der von der ganzen Welt an=
genommen, gefühlt und ausgeübt würde. Gewiß! wir
würden alle glücklich seyn, weit glücklicher, als wir Hoff=
nung haben, jemals in einer Welt zu werden, welche den
grosen und ausserordentlichen Bürger nach der Größe seiner
schwärmenden fieberhaften Sinnlichkeit abmißt.

Allein wie weit entfernt bleiben wir von jener goldnen
Zeit, so lang der Ton unsrer gelehrten witzigen Petit=Mai=
tres

tres die herrschende Mode bleibt, welche allerley philoso-
phische Vaudevills in wohlklingenden Wörtern trillern, und
allen andern, welche nicht mittrillern, mit einem verachten-
den Blick allen schönen Geschmack absprechen. Was
schads! ich schreibe ja für Sie, Wahrheitsliebende Freundinn! und nicht für den schönen Geschmack unserer gar zu
artigen Welt.

Leidenschaften, glaubt der Verfasser der Leiden', müssen eben so wenig von Regeln eingeschränkt werden,
als die Natur des Genies.

Das heißt in der That, ganz ungleichartige Sachen
miteinander vermischen. Leidenschaft und Genie sind
ihrem Wesen nach Himmelweit von einander unterschieden.

Sie kennen die reiche gnädige Frau, welche gerade Ihnen gegenüber wohnt. Alle geistliche Frohndienste leistet
sie als Leibeigne ihrer Glaubenssekte auf das genaueste,
sobald es aber auf die Ausübung einer Pflicht ankommt,
die mit dem geringsten Aufwand verbunden ist, so verliert
sich auf einmal ihre ganze Thätigkeit. Wie jammerte sie
nicht über die grose Unkosten, als ihr gutes Kind an der
Auszehrung lag? Es starb endlich, die Ausgaben hörten
auf, und die Frau Mama preißte die Wege Gottes.

Ein vollständiges Bild des Geitzigen. Nichts, selbst
auch die Erhaltung ihres Kindes nicht, schien in ihren
Augen so kostbar, als der Gulden, den sie ersparen kann.
Keinem andern etwas geben, und immer mehr für sich haben wollen, ist ihr unersättlicher Wille. Nur also die
herrschende Disposition des Willens macht den wesentli-

chen

chen Charakter einer Leidenschaft, welche nach der Ver=
schiedenheit in den Gegenständen sich in verschiedne an=
dere Arten ausbreitet.

Ihre Tochter, wie Sie wissen, hatte schon in ihrem
achten Jahr die Geschicklichkeit, ein Clavier zu stimmen, und
alle Melodien, welche sie in der Kirche hörte, der andäch=
tigen Frau Mania vorzuspielen, welche wohlbedächtlich in
allen Sachen die natürliche Fähigkeit für den besten Lehr=
meister hielt. Jedermann sagte von diesem Kind, daß es
großes Genie zur Musik zeige; niemand aber hatte dabey
die Idee, dem Kind eine herrschende Disposition in dem
Willen beyzulegen, sondern nur eine überwiegende Fähig=
keit, die Harmonie von hohen und tiefen Tönen mit dem
Zeitmaas leicht und geschwind zu fühlen, zu fassen und
auszudrücken zu können.

So geitzig auch gedacht' Ihro Gnaden dermalen sind, so
wissen Sie wohl, daß sie von Natur keine Anlage zum Geitz
hatte. In der guten Zeit ihres lachenden Frühlings, war
ihre Leidenschaft Eroberungen zu machen. Sie erschien
in allen Comödien, Concerten, Opern, und auf allen Bällen
spielte sie die Rolle der ersten Tänzerinn. Mode, Schmuck,
Anzug und Aufsatz machte ihre Beschäftigung; bewundert,
beneidet und angebetet zu werden, ihren Wunsch, ihr Be=
streben, ihren Himmel.

Sie sehen hieraus, theuerste Freundinn! daß die
überwiegende Disposition in dem Willen unsrer gnädi=
gen Frau nur eine zufällige Bestimmung ist, und eben
diß zeigt sich bey dem Menschen allgemein. Keiner hat
eine herrschende Stimmung seines Willens auf einen be=
stimmten Gegenstand von Natur.　　　　Sollte

Sollte aber dieses wohl von der herrschenden Disposition in dem Können auch gelten, oder ist diese nicht vielmehr eine wesentliche Bestimmung, welche der Mensch gleich bey der ersten Anlage in dem Augenblick seiner Empfängniß erhält? Zweifeln Sie wohl, daß jenes Kind nicht in der Wiege schon das nemliche Genie gehabt, welches durch die Melodien, die es in der Kirche gehört, nur erst die Richtung zur Thätigkeit bekommen.

Ihre Frau Nachbarinn muß mir noch eine Vergleichung machen helfen, eine kleine Gefälligkeit, die ihr zwar nicht zum Lob gereicht, aber auch nichts kostet. Hat man wohl sich einfallen laffen, das musikalische Genie ihrer Fräulein für eine Unvollkommenheit zu halten? aber kein Mensch ließ sich träumen, den schändlichen Geiz der Frau Mama für eine Vollkommenheit auszugeben. Genie ist also eine positive Bestimmung der vollkommnen Natur; Leidenschaft hingegen nicht, sie weicht von der Natur ab, und giebt dem Willen eine unnatürliche Richtung, welche folglich ihrem Wesen nach, alle positive Regeln ausschliessen muß.

Diß sind noch lange nicht alle Charakters, wodurch sich Leidenschaft vom Genie unterscheiden; sie sind aber zu meiner Absicht hinreichend. Genug, daß beyde wesentlich verschieden sind, und daß eben dieserwegen das eine nicht mit dem andern abgemessen werden kann.

Gesetzt auch, ich wollte einmal zwischen Genie und Leidenschaft eine vollkommne Aehnlichkeit zugeben, so würde doch erst die Frage entstehen, ob nicht ein Genie an Regeln gebunden ist, wenn es seine herrschende Fähigkeit in Anwendung bringen will?

B 3   Diese

Diese Fähigkeit giebt noch keine Ideen. Ein mechanisches Genie weis nichts von Schwere, von Stoß, von Elastizität; kaum bekommt es aber eine Maschine zu sehen, sogleich empfindet es die Stärke seiner Richtung, fühlt eine anschauende Erkänntniß von jedem einzelnen Theil und deren Verhältniß unter sich, übersieht den Bau des Ganzen, und stellt sich den Gegenstand gerade so vor, wie er wirklich ist. Sich den Gegenstand gerade so vorstellen wie er ist, um sich richtige Ideen zu bilden, heißt wohl nicht ausschweifen, nicht schwärmen.

Will sodann der Künstler seine erhaltne Ideen in Anwendung bringen, so wird seine Nachahmung sehr unglücklich ausfallen, wenn er nicht eben diese Regeln, die er in der Natur entdeckt hat, auf das genaueste beobachtet. Verfehlt der Mechanist die natürlich unveränderliche Regeln der Schwere, des Stoßes, der Elasticität, so wird seine Maschine gewiß kein Werk des Genies, sondern eine Mißgeburt seyn.

Eben so, wie das Genie des Künstlers in seiner Kunst verfahren muß, eben so muß der Philosoph, der Gelehrte, der Politiker verfahren. Sein Genie giebt ihm eine überwiegende Fähigkeit, Gegenstände in ihren wahren natürlichen Verhältnissen dem Geiste anschaulich zu machen, sie mit andern nach ihrer Natur zu vergleichen, und darinnen die grose übereinstimmende Principien der Thätigkeit der Natur zu erblicken. Diß allein ist der wahre Weg zur Wahrheit, der Stempel des grosen Genies — —

Die Natur ist einfach, ihre Gesetze sind allgemein. Wer weiß, wenn Gott unsre besser gestimmte Nachkommen=

menſchaft mit menſchenfreundlichen Genies ſegnen ſollte, welche gemeinſchaftlich blos aus Liebe zur Wahrheit ihre Kräfte verwenden, wer weiß, ob nicht alsdenn die Chi= märe von beſondern Wiſſenſchaften, welche wir jetzt ha= ben, verſchwindet, und ſtatt derſelben ein allgemeines phyſiſches Principium geſehen wird, welches dem Geiſt von allen Wahrheiten das hellſte Licht, und dem Herzen von der beſeligendſten Liebe den ſanfteſten Genuß ſchenkt? —

Vierte

Vierter Brief.

Der Verfasser der Leiden bildet sich von der **göttlichen Vorsehung** und von den **Freuden**, die dem **Menschen** gewährt sind, einen solchen Begriff, der in seiner Art ausserordentlich gros ist. Gott wacht, Gott sorgt über uns, heißt es in seiner witzigen Sprache: **Gott läßt uns im freundlichen Wahn so hintaumeln, und baut uns Tollhäuser auf.** Freuden geniesen, die dem Menschen noch gewährt sind, heißt: **er sitzt an einem artig besetzten Tisch, fährt spazieren, stellt einen Tanz an, taumelt in freundlichem Wahn so hin, sitzt im Tollhaus.**

Der Verwegene denkt nicht, wohin er seine stumpfen Pfeile abdrückt. Ist es nicht boshaft, wenn er sein Geschoß ansetzt, um das Herz des in seinem Gott gelassenen Frommen zu verwunden, und noch boshafter, wenn er undankbar hin nach dem göttlichen Glanz des heiligsten Throns seines Schöpfers zielt, aus welchem das Licht strahlt, das seine Augen beleuchtet, und von welchem der Hauch ausgeht, den er ein = und ausathmet?

Theuerste Freundinn! wir können die traurige Wahrheit nicht läugnen, so schmerzhaft uns ihr Bekänntniß fällt, daß die meisten unserer Mitmenschen nicht die göttliche Stim=

Stimmung haben, und sin diesem elenden Zustand böses in der menschlichen Gesellschaft verbreiten müssen.

Aber wird wohl dieserwegen die göttliche Vorsehung nicht Weisheit und Güte bleiben? Ach, wahrheitslie= bende Freundinn! könnte ich Ihnen doch so vieles sagen, als ich fühle und zu sagen wünsche. Ich will mich erklä= ren, so gut ich kann. Prüfen sie meine Gedanken, sagen sie mir die Ihrigen, der Gegenstand ist wichtig, und ver= dient Ihre Aufmerksamkeit.

Der Grund der Unvollkommenheit, der den Unglückli= chen stimmt, kann wohl nicht selbst in dem Wesen seines ersten Stoffes liegen. Jedes Element, welches für sich auffer der Verbindung mit andern, betrachtet wird, ist lau= ter Kraft, lauter Realität.

Ist aber jenes nicht, so muß der Grund des unvoll= kommenen Menschen in der Zusammensetzung und Modifi= cation seiner wesentlichen Theile liegen. Wer also diese und mit ihr Gottes Güte und Weisheit tadeln will, muß vor= erst mit Evidenz sehen, daß eine bessere Zusammensetzung und Modification des menschlichen Stoffes möglich gewe= sen, und daß diese oder jene individuelle Modification, sie kan gegenwärtig Verhältnißweise noch so unvollkommen seyn, nicht absolut nothwendig gewesen, um den Menschen mittelst derselben, eines vollkommnen Zustands, entwe= der früher oder später, auf ewig fähig zu machen. Der Wundarzt verbindet den zerbrochnen Arm eines Unglückli= chen, und dieser will sich über das verbinden, welches sei= nen Arm lebenslang gesund und gerad macht, beschweren, weil ihm die Operation einen Augenblick schmerzt. So

und

und nicht anders verhält es sich mit dem in wenigen Minuten
vorübergehenden Zustande des Unglücklichen in der Welt. —

Wenn wir anfangen werden, statt nichtsbedeutender Religionsstrittigkeiten, welche am Ende nur Menschen von
Menschen trennen, mit vereinten Kräften Gott in der Natur, und ihren noch verborgnen Wirkungen zu lernen, und
o glücklich seyn sollten, das aller Orten sich ausdehnende
und überall thätige Wesen besser zu erkennen, wie leicht
wird es nicht alsdenn seyn mit offnen Augen zu sehen, wie
jedes von den unzählig vielen Theilen nach dem Punkt
seiner Vollkommenheit strebet, wie jede neue Modification
ein neuer Schritt zu derselben ist, und wie endlich, wenn
die ganze Reihe von periodischen Modificationen geschehen,
eine allgemeine Vollkommenheit entstehen müsse. Ich zweifle
gar nicht an dieser Wahrheit, wir sehen ja schon in ganz
bekannten chymischen Operationen, daß auch einerley Processe eine Vervollkommnung wirken wenn sie wiederholt werden.   Man darf nur an die Gährungen, und die Cohobationen, oder Wiederholungen der Destillationen denken, wenn man kann und will. —

Aber sollten wir erst hohe Kenntnisse der Natur nöthig
haben, um mitten unter dem Schwarm von Unglücklichen
die Vorsehung eines gütigen und weisen Vaters zu erblicken,
der alle seine Kinder liebt ohne Unterschied, die Gehorsame
segnet, hingegen die Ungehorsame bessert und des Segens
fähig macht! Gott schuf den Menschen nach seinem Ebenbild, er gab ihm eine Offenheit zur Wahrheit und zum Guten. Aber der Mensch, der jetzt erst anfieng Mensch zu
seyn, konnte unmöglich Ideen haben, eben so wenig als
derjenige, der niemals weder sehen, hören, riechen, schmes=
cken

cken oder fühlen können. Gott konnte ihm nur ein allgemeines Genie geben, jede Gegenstände, die sich ihm zeigten, geschwind und leicht anschaulich zu fassen. Gott, der den Mangel seiner Erfahrung wußte, und gewiß nicht ihn vollkommen schuf, um die traurige Freude zu haben, ihn unvollkommen zu sehen, hat ohne allen Zweifel ihn in eine Gegend gesetzt, wo der Gefahr am wenigsten war. Er sündigt, und die Sünde brachte den Tod, nemlich den Tod der Wahrheit, sie wirkte in dem Wesen eine solche physische Disposition, welche nicht mehr die Disposition des Standes der Unschuld war. Nun hätte von einer Zeugung auf die andere diese verstimmte Disposition der Organe, und mit ihr Unwahrheit und Unvollkommenheit fortgepflanzt werden müssen.

Das Wachs, so lang es hart ist, formt sich nicht in der besten Hand des ersten Künstlers, und das Wasser, so lang es kalt ist, vermischt sich nicht mit dem Oel. Gott also, der den gefallnen Menschen noch immer liebte, bringt den Menschen in solche Umstände, welche nach und nach seine Härte erweichen müssen. Gewiß, nicht erst von der Geburt unsers Heilandes fängt sein Einfluß auf die menschliche Natur an. Wir finden schon vorher Tugend und Wahrheit, welche ohne jenen Einfluß nicht hätte da seyn können. Hier war nur erst die Epoche, wo endlich ein Mensch die Vollkommenheit erreicht hatte, welche eine göttliche Vereinigung gestattete. Die Kraft des großen Erlösungswerkes wirkt auf uns, ehe wir empfangen werden, und fährt fort, auf uns zu wirken, wenn wir längst gestorben sind. Ihre Kraft ist zu göttlich, um in ihren Wirkungen aufzuhören, ehe nicht die physische Destruktion des gefallenen Menschen ganz wieder aufgehoben, und der Mensch der Wahrheit und Liebe ganz einverleibt ist.

Das

Das Aug des Frommen weint Thränen des Danks für diese Liebe, und sein Herz zerfließt in beseligenden Empfindungen von heiliger Verehrung durch das Anschauen der göttlichen Weisheit. Aber kaun wohl der Schwarm von Unglücklichen, die den Frommen umgeben, einen unvollkommnen Einfluß auf seinen glückseligen Zustand haben. Er sieht sie, er bedauert sie, und die Vorsehung wird ihm immer heilig seyn. Ein Gedanke, der sie entheiligt, ist ihm eben so unmöglich, als der Sonne Frost und Finsterniß, welche in Licht und Wärme schwimmt.

Auch diß Verhältniß, worinn der Gerechte mit den Ungerechten lebt, schadet ihm nicht. Er kennt ja keine andere Glükseligkeit, als den hohen Genuß des Angenehmen; er weis, daß er keines Guten mangeln kann, wenn er der Wahrheit treu und tugendhaft bleibt; er verlangt also und strebt nur nach Wahrheit, welche der Unvollkommene nicht kennt, nicht verlangt, und wenn sie die ganze Welt verlangte, eben so unendlich an Zufluß wäre, als die Quelle, woraus sie entspringt.

Noch mehr, tugendhafte Freundinn! der Schwarm der Unglücklichen verherrlicht sogar den Zustand des Tugendhaften. Er freut sich, so oft ihn Gott zum Glücklichen wählt, den Seegen auszuschütten, der auf Frommen ruht, um durch den gesegneten Frommen den Gottlosen zu überführen, daß Wahrheit und Tugend nicht an zeitlichen Gütern und an den süssesten Geniesungen der Natur darben läßt. Er freut sich, wenn er mit beytragen kann, die Folgen des Unseegens zu vermindern, und das Schicksal des Ungerechten durch Gerechtigkeit und Wohlthun zu erleichtern. Er freut sich, Irrthum und Umwahrheit in ihrer
rer

rer häßlichen Blöse, und die Wahrheit hingegen in ihrem
göttlichen Reiz der Welt darzustellen. Er ergötzt sich, aus
allen seinen Kräften auf seinen unglücklichen Nebenmen=
schen zu wirken, seine falsche Richtung zu schwächen, und
sie der Linie der Vollkommenheit näher zu bringen. Er
dankt der Vorsehung, die ihn zu einem Grad der Vollkom=
menheit gebracht, und alle, alle ohne Ausnahme, zu dem
gewissen Genuß einer ewigen Seligkeit zubereitet.

Wer ist nun ein Thor? ist's etwa der Fromme, der die
weisen Absichten seines gütigen Schöpfers erkennt, und in
dieselbe harmonisch mitwirkt, oder ist's derjenige, welcher
aus eigener Leidenschaft oder vor Geld und unbedeu=
tende Ehre arbeitet. Aller schwärmende Witz läuft frey=
lich in der Welt am Ende auf eine Lumperey hin=
aus, aber aller schwärmende Witz ist nicht Alles. Leben
Sie wohl!

Fünfter Brief.

Mir untergräbt das Herz die verzehrende Kraft, die im All der Natur verborgen liegt, die nichts gebildet hat, das nicht seinen Nachbar, nicht sich selbst zerstöhret. Und so taumle ich beängstiget! Himmel und Erde und alle die webende Kräfte um mich her. Ich sehe nichts, als ein ewig verschlingendes = ewig wiederkäuendes Ungeheuer. ꝛc.

Werthers, oder vielmehr des Verfassers seiner Leiden ganzer Sinn muß in der That lauter geisteslose Imagination seyn, wenn sie eine solche verzehrende Kraft, ein solch verschlingendes = ewig wiederkäuendes Ungeheuer sehen können. Vermuthlich geht es dem Verfasser wie jenem Menschen im grünen Rock, der den dreyßigsten November zwischen den Felsen herum krabelte, und Blumen zu finden glaubte.

In der Natur soll eine verzehrende Kraft verborgen liegen, die nichts gebildet hat, das nicht seinen Nachbar, nicht sich selbst zerstöhret. Ich möchte ein einziges Leben in der Natur wissen, von welchem gesagt werden kann, es habe das Leben seines Nachbars oder sein eigenes Wesen zernichtet.

Sehen

Sehen läßt sich dieses wahrhaftig nicht! Wie ist es möglich, die geistige oder ätherische Theile der lebendigen Ganzen, welche nur das Leben der Natur ausmachen, und durch die entstehende Gährungen von der todten Erde sich absondern, mit dem Auge, oder der an grobe Bilder sich anhaltenden Imagination zu fassen? Wie ist es möglich zu sehen oder sich einzubilden, daß diese feinen Theile, deren Existenz die größte Gewißheit ist, durch die blose Trennung ihrer Verbindung in ein Nichts übergehen sollen? Verstand und Vernunft, welche doch gewiß mehr Glauben verdienen, als schwärmende, und durch Leidenschaften in einen wüthenden Brand gerathene Einbildung, widersprechen es, daß Nichts sich zu einem Etwas erhöhen könne, und noch widersprechender ist es, daß ein Etwas, ein positives Wesen, ein Leben, in ein Nichts sich verwandeln sollte. Und wenn nun die Theile des lebendigen Ganzen durch die Trennung ihres Zusammenhangs nicht in Nichts übergehen, wie ist es möglich, zu sehen oder sich einzubilden, daß diese Principien des Lebens, welche wir doch zu organischen Stimmungen wirksam sehen, nach der Trennung von der unthätigen irrdischen Masse, und im Stand ihrer Vereinigung mit dem Aether nicht ihre erste Organisation in viel grösserer Vollkommenheit wirken sollen?

Wir finden ja in der Natur das allgemeine mit der empfindbarsten Evidenz redende Gesetz, daß gleichartige und harmonische Theile einen Trieb zeigen, sich immer näher, und in einer vestern Harmonie zu vereinigen. Warum soll denn diese Kraft nach der Absonderung von groben unthätigen Materien sich verlieren, da sie vor und in der Vermischung mit denselbigen so wirksam war?

Ich

Ich halte zwar sonst nicht viel auf die gelehrte Gewohn= heit, sich auf Autoritäten zu berufen, aber wenn uns einsichtsvolle und glaubwürdige Männer nicht mit blosen Meynungen, sondern mit wichtigen Erfahrungen berei= chern, alsdenn wird diese Gewohnheit Pflicht. Hamberger, ein Naturforscher und Mathematiker, der gewiß nie mit poetischer Imagination träumte, und der, an die Evi= denz der Geometrie gewohnt, von leichtgläubiger Schwär= merey ganz entfernt war, versichert uns in seinem grosen physiologischen System, daß er selbst einen durch die chymische Palingenesie aus der Asche wieder hergestell= ten Weinreben mit Blättern und Trauben gesehen, und in seinen Händen gehabt habe. ――

Also ist es wahrhaftig ganz undenkbar, liebenswür= dige Freundinn! daß die wesentlichen Theile der lebendi= gen Ganzen wieder zernichtet werden, oder nach ihrer Ab= sonderung von der unthätigen belastenden Masse in einer ewigen Trennung unorganisch bleiben, oder in ein unvoll= kommeners Ganzes sich herunter bilden sollten. Wenigstens ist es einem gesunden ruhigen Verstande nicht denkbar, wenn es auch gleich einer durch wilde Fieberhitze der Sinnlichkeit und Leidenschaften in tödtlichen Brand gerathenen Imagination so träumen kann.

Aber was will Werther, oder vielmehr der, der Wer= thers Asche durch eine Lobrede über seine beklagenswürdig= ste Geistes = und Herzenskrankheit nur beschimpfet, wenn er uns seinen Traum saget, als seye die Natur nichts als ein ewig wiederkäuendes Ungeheuer? Ich frage die ganze Welt, ausgenommen diejenige, welche gewohnt sind, fremde Unwahrheiten mit Geschmack zu wiederkäu=

en,

en, ob jemand im Stande ist zu wissen, daß eben diese Theile, welche wir heut unter dieser bestimmten Modificas tion sehen, vor tausend oder mehrern Jahren eben diese oder eine noch unvollkommenere Modification gehabt haben? An sich schon ist es einem ruhig denkenden und Wahrheit empfindenden Geiste lächerlich, daß die Natur in ihren grosen Revolutionen einem spielenden kleinen Kinde ähnlich seyn sollte, welches mühsam Karten auf Karten thürmet, um nur die kleine Freude zu haben, seinen mit vieler Müs he aufgesetzten Thurm wieder einzuwerfen. Die Natur müßte noch weit kindischer seyn, als dieses Kind, welches am Ende gleichwohl seines einförmigen Spielens müde wird.

Man hat wahrhaftig nicht erst ausserordentliche Kennts nisse der Natur nöthig. Man darf nur die Augen öffnen und sehen. Die Wirkungen, welche sich bey allen gemeinen Gährungen ergeben, wenn sie wiederholt werden, zeigen uns, daß die Natur aus der Idee der Vergröserung oder Verbesserung wirke. Schon die Raupe prophezeyht diese Wahrheit, und der bunte leichte Papillon freut sich ders selben.

Auch Werther selbst, ohne ein im allerhöchsten Grad verrücktes Gehirn durch seine Entschliessungen in Absicht auf Lotten und auf sein Leben zu verrathen, hat die Natur nicht als ein wiederkäuendes Ungeheuer ansehen können. Die Kugel, die er sich durch den Kopf gejagt, überzeugt uns von dem Gegentheil. Was würde es ihm geholfen haben, der Auflösung seines Körpers entgegen zu eilen. Heute würde ihn das Ungeheuer verschlingen, und morgen würde es ihn in seinem wüthenden brandartigen Charakter wiederkäuen, und alle seine Qualen, denen er entgehen

C   wollte,

wollte, fangen immer wieder an, ihn bis zum Unsinn zu
drången. — Schöner Trost aus Werthers Leiden, für
die, welche gleichen Drang fühlen!—

Das Herz des Frommen, erwärmt von der gött=
lichen Liebe, empfindet den sprechenden Beweis in
sich selbst; getröstet, erquickt und zufrieden verehrt
es die liebende Kraft, die sich im All der Natur ver=
breitet, und aus der Idee seiner Vergröserung ihn
und alles, was rings um ihn her ist, zu dem ersten
Grad der Vollkommenheit bringen wird. So gehet
der Fromme dem Tod gelassen entgegen! Himmel
und Erde, und alle webende Kräfte um ihn her. Er
stirbt, und sieht im Tod und im Grabe nichts als ei=
ne ewig belebende, ewig bessernde Güte. Auch wir
werden diese Güte sehen, diese grose Epoche unsrer Ver=
herrlichung. Leben Sie wohl!

Sechster Brief.

Wilhelm wirft Werthern die Excesse seiner sinnlichen Schwärmereyen vor, und ermahnt ihn zur Vernunft und Religion. Werther antwortete ihm hierauf: Laß mich ausdulden; ich habe bey aller meiner Mühseligkeit noch Kraft genug, es durchzusetzen. Ich ehre die Religion, ich fühle, daß sie manchem Ermatteten Stab, manchem Verschmachtenden Erquickung ist, nur — kann sie denn, wird sie denn diß einem jeden — auch mir seyn? Sagt nicht selbst der Sohn Gottes, daß die um Ihm seyn würden, die Ihm der Vater gegeben hat. Wenn ich Ihm nun nicht gegeben bin? Wenn mich nun der Vater vor sich behalten will, wie mir mein Herz sagt?

Fürwahr, Werthers Herz muß selbst nicht gewußt haben, was es sagen wollen, und Werthers Verstand muß sehr überspannt gewesen seyn, wenn er das Galimathias seines unverständlichen Herzens hat verstehen können.

Ich muß ausdulden, ich muß ausschwärmen, ich muß mich tödten, oder meine Lust mit Lotten büssen. Warum? — weil mir das Herz sagt, daß mich der Va-

ter

ter für sich behalten will: — Gerade als wenn Gott der
Vater nur Narren und Unsinnige sich eigen machen
wollte.

Die angeführte Stelle, welche Werther aus dem Mun-
de unsers Heilandes entlehnt, soll erweisen, daß die Religion nicht Allen, sondern nur manchem Ermatteten oder
Verschmachtenden Stab und Erquickung sey.

Werther, welcher sagt, daß er die Religion ehre,
hätte die erste der wesentlichsten Wahrheiten derselben
wissen sollen. Er hätte wissen sollen, daß wir alle durch
das grose Werk der Erlösung unsers Heilandes oder durch
die für die Menschen leidende, und den ganzen Zustand
der Natur verbessernde Liebe zu den göttlichen Eindrücken seines Vaters harmonisch gemacht, und also in sol-
chem Verstande, durch ihn, seinem Vater alle wieder
gegeben werden sollen; Es kann niemand zum Vater
kommen, ohne durch Christum. Er hätte daher wissen
sollen, daß die Worte, wo von denjenigen die Rede ist,
welche der Vater seinem Sohn gegeben, eine ganz be-
sondre Beziehung haben müssen, nemlich die Beziehung
auf die Apostel und Jünger Jesu, welche in der ange-
führten Stelle der Welt entgegen gesetzt werden.

Die Worte selbst und ihre Verbindung mit dem, was
vor und nach stehet, setzen diese Beziehung in ein solches
helles Licht, daß man die Wahrheit sehen muß, und
Werther würde sie gewiß haben sehen müssen, wenn es
witziger Schwärmerey nicht natürlicher wäre, der Wahrheit zu spotten, als Wahrheit zu suchen.

Wer=

Werther hätte nur bey sich überlegen dürfen, was es heißt, Religion haben. Läßt es sich wohl denken, daß der Gerechte, welcher ganz offen zu göttlichen Stimmungen ist, und auf welchen Gott mit seiner ganzen Kraft wirken kann, in eine Art von mühseligen Umständen gerathen soll, wo er, als ein abgematteter und verschmachtender, Stab und Erquickung bedarf. Gesetzt aber auch, der Gerechte könnte in dergleichen mühselige Umstände gerathen, würde das lebhafte Gefühl seiner Religion, das ist, sein wirklicher inniger Genuß Gottes, nicht der vesteste Stab, nicht die süsseste Erquickung seyn?

Sie sehen, liebenswürdige Freundinn! wie schwärmend es ist, wenn Werther aus dem Buch der Wahrheit seinen Unsinn zu erweisen sucht, daß Religion ohne erquickenden Trost seyn könne. —

Wahr ist es, daß nicht alle Religion haben, aber ein anders ist keine Religion haben, ein anders Religion haben können, ohne Trost und Erquickung zu fühlen. In der ganzen Bibel wird nirgends behauptet, daß alle Menschen während der paar Tage ihres irdischen Lebens den Zustand der Gerechten erreichen. —

Dort liegt ein schmachtender Kranke, sein Arzt giebt ihm die heilsamen Mittel zu seiner Genesung, der Kranke verwirft sie und bleibt krank. Er wird aber noch ganz gewiß sich nach diesen Mitteln sehnen, sie brauchen und genesen. Alle, alle, ohn Unterschied, werden ihn den Erlöser, und durch ihn, seinen Vater kennen. —

Die

Die grofen Worte des erblaffenden Erlöfers: Mein Gott! mein Gott! warum haft du mich verlaffen? predigen die grofe Versöhnung der ganzen Natur, fie predigen auch deine Versöhnung, elender Sünder! wenn du gleich aus wilder Brunft deiner finnlichen Begier= de diefe heiligen Worte durch dein Knirfchen enthei= ligeft.

Siebender Brief.

Ja, lieber Wilhelm, meinem Herzen sind die Kinder am nächsten auf der Erde. Wenn ich so zusehe, und in dem kleinen Dinge die Keime aller Tugenden, aller Kräfte sehe, die sie einmal so nöthig brauchen werden, wenn ich in dem Eigensinn alle die künftige Standhaftigkeit und Vestigkeit des Charakters, in dem Muthwillen allen künftigen guten Humor und die Leichtigkeit über alle Gefahren der Welt hinzuschlüpfen erblicke, alles so unverdorben, so ganz! Immer, immer wiederhol ich die goldne Worte des Lehrers der Menschen: wenn ihr nicht werdet, wie eines von diesen Kindern!

Sie verstehen schon die Sittensprache, liebenswürdige Freundinn! welche der Verfasser der Leiden seinem Werther reden läßt. Sey guten Humors, fühle Leichtigkeit, und geniesse die Freude, heißt bey ihm, dem Drang seiner Leidenschaften folgen; sey standhaft, behalte eine Vestigkeit im Charakter, sich die Pistole über das rechte Aug andrücken.

Jetzt geht der Verfasser noch weiter, und sucht seine Ethik mit den goldnen Worten unsers heiligsten Lehrers zu rechtfertigen. In dieser Absicht ruft er muthwillige und eigensinnige Kinder zu sich und spricht: Wenn ihr

nicht

nicht werdet, wie eines von diesen, eben so muthwillig, eben so eigensinnig — Neuer Beweis eines verwegenen schwärmenden Unsinns!

Es stehet nicht zu leugnen, daß viele Kinder eine vorstechende Disposition zum Eigensinn und Muthwillen haben. Tausend Umstände, welche in dem Augenblick unserer Empfängniß möglich, tausend andre, denen wir von der Empfängniß an bis auf die Stunde unsrer Geburt ausgesetzt sind, und wider tausend andere, welche sich nach unserer Geburt ereignen, können uns diese überwiegende Disposition geben; aber diese überwiegende Disposition würde sich dennoch nimmermehr thätig äussern, wenn man bey der Erziehung der Kinder sorgfältig suchte, sie in ihrer Unschuld und Einfalt nur durch Wahrheit zu leiten. Also ist Muthwille und Eigensinn eine unvollkommne accidentelle Bestimmung, die dem Kind ganz unnatürlich ist, worauf folglich unser Heiland auch nicht zielen konnte.

Noch vielweniger konnte er auf diejenige Kinder Rücksicht genommen haben, welche durch die Erziehung bereits muthwillig und eigensinnig worden, ein Charakter, den dergleichen Kinder mit Erwachsenen gemein haben. Worzu sonst die Worte: Es sey denn daß ihr euch umkehret? Sie sind es ja schon, sie dörfen es nicht erst werden, sie übertreffen die Kinder.

Dem Verfasser der Leiden geht es wie jenen Blinden, die am hellen Tage im Finstern herumtappten, vor der Thür standen, sie suchten und nicht finden konnten. Hätte er doch nur den unmittelbar vorhergehenden Vers gele=

gelesen, so würde derselbe nicht nur gesehen haben, daß Stolz auf eigne Selbstwürde, und sündlicher Eigennutz die Jünger veranlaßt, Jesum zu fragen: wer der Größeste im Himmelreich ist, sondern er würde zu gleicher Zeit haben sehen können, in welcher Rücksicht wir den Kindern ähnlich werden sollen.

Gewiß, das Kind, welches Jesus zu sich rief, war das lebhafteste Bild, seinen Jüngern den seligen Zustand eines wahren Frommen anschaulich, ihre Unähnlichkeit mit denselben, fühlbar, und die Begierde ihm ähnlicher zu werden, lebhaft zu machen.

Der Prinz des ersten Monarchen wartet dort auf den kleinen Jungen im zerrißnen Hembe, der auf ihm herzhaft zugesprungen kommt. Ohne Stolz auf Krone, Thron und Scepter, eilt er ihm freudig entgegen, und fängt an, mit ihm zu spielen.

Sehen Sie, dort den kleinen niedlichen Engel, der unter allen seinen Gespielen der schönste ist, er rühmt sich gar nicht seiner Schönheit, auch nicht seiner schönen Bänder, seiner grausen Locken; er erzehlt jedem, wer ihm diese Bänder gegeben, diese Locken eingelegt.

Wie dort jenes Kind mit seiner Blume läuft, die es zum erstenmal im Gras gefunden; fragt seinen Vater, hört ihn an, glaubt ihm und ist zufrieden, weil es sein Vater sagt!

Seine Mutter bringt ihm zu essen, das Kind dankt und ißt, ohne die Frage zu thun, ob diese zärtliche Mutter auch morgen wieder sorgen wird.

Sie

Sie drückt ihm in seine kleine Hand allerley süsse Sachen, es hält was es faffen kann, sagt: ich danke, läuft zu seinen kleinen Kameraden und theilt seine Reichthümer ohne Absicht aus.

Ganz unerschrocken, ganz unbesorgt geht dort auf den schmalsten Steg, hoch am jähen Berg, der kleine Knabe an der Hand seines zärtlichen Vaters, der ihn führt. Er sieht und denkt an keinen Abgrund, an keine Gefahr, spricht mit seinem Vater, und drückt ihm seine Hand.

Ach, liebenswürdige Freundinn! ist denn diß nicht das Himmelreich, wenn wir mit Gott in eben diesem Verhältniß stehen — wenn wir werden, wie die Kinder sind — Von jenen aber, welche die Worte des Lehrers der Menschen verdrehen und Aergerniß geben, spricht der sechste Vers. — Adjeu!

Achter Brief.

Ich habe einen Verdruß gehabt, der mich von hier wegtreiben wird; ich knirsche mit den Zähnen! Teufel! er ist nicht zu ersetzen — das Hundegeschwätz, man möchte sich ein Messer ins Herz bohren, denn man rede von Selbständigkeit, was man will, den will ich sehen, der dulden kann, daß Schurken über ihn reden, wenn sie eine Prise über ihn haben. — Ich war zerstöhrt, und bin noch wüthend. Ich wollte, daß sich einer unterstünde, mir es vorzuwerfen, daß ich ihm den Degen durch den Leib stoßen könnte! Wenn ich Blut sähe, würde mir es besser werden. Ach! ich habe hundertmal ein Messer ergriffen, um diesem gedrängten Herzen Luft zu machen. Man erzählt von einer edlen Art Pferde, die, wen sie schröcklich erhitzt und aufgejagt sind, sich selbst aus Instinct eine Ader aufbeissen. So ist mirs oft, ich möchte mir eine Ader öffnen, die mir die ewige Freyheit schaffte.

Und warum alle diese pöbelhaften Ausfälle eines unsinnigen Wütherichs? um seinem ehrlichen Wilhelm zu erzehlen, er habe sich bey einem gewissen Grafen des Abends, wo die Gesellschaft angegangen, verspätet, die Gesellschaft unzufrieden über seine Gegenwart, habe dem Grafen ihr Befremden geäussert, und dieser um seine unartige

artige Gesellschaft zu beruhigen, habe ihm endlich diese Verlegenheit zu erkennen gegeben, sich auf das freundschaftlichste entschuldigt, und die Hände mit einer Empfindung gedrückt, die alles bedeutete.

Aus welcher Absicht sucht denn der Verfasser der Leiden den unglücklichen Werther, der seiner Krankheit und seines Todes wegen ohnehin zu bedauren ist, der Welt als einen unsinnigen Wütherich vorzustellen, der bey den kleinsten nichtsbedeutendsten Vorfällen, sich und seinen Nächsten ermorden will. Soll die bis zu dem ersten Grad der Tollheit ausschweifende Fieberhitze, die er Werthern andichten will, eine neue Lobrede seines Helden seyn, oder glaubt er vielleicht durch eine natürliche Nachahmung sich selbst mit dem Stempel eines grosen Genies zu bezeichnen?

Werthers Ohr war, wie bekannt, an den feinen Ton und den Umgang der artigen Welt gewöhnt. Die Hitze seiner Schwärmerey mag in ihm noch so hoch angestiegen gewesen seyn, so blieb es ihm immer unmöglich, den Wohlstand durch niederträchtige pöbelhafte Ausdrücke zu beleidigen, oder seinen Gönner, der ihn distinguirte und liebte, mit dem treflichen Schweinhirten des Homers zu vergleichen.

Ich kann mir auch nicht vorstellen, wie der kleine komische Vorfall Werthern bis zur mörderischen Wuth sollte haben verleiten können. Gelacht mag er haben, diß ist natürlicher und glaubhafter. Der Verfasser der Leiden gesteht ja selbst, daß Werther im ersten Augenblick, wo die Empfindlichkeit allezeit am stärksten ist, sich in sein Cabriolet setzte, der Gesellschaft lachte, ruhig seinen Homer las und vergnügt war. Und wie hat denn Werther,

ther, dem der Verfasser seiner Leiden einen edlen liebens=
würdigen Charakter und einen bewunderungswürdi=
gen Geist beylegt, wie hat Werther über den lächerlichen
Stolz von ein paar gnädigen Frauen so niedergeschlagen,
betrübt und unsinnig werden können, die von leerem Tan=
de der Geburtsvorzüge verblendet, die wahre Würde des
Menschenverstandes verkannten?

Sollte wohl der Vorwurf einiger kleindenkender Nei=
der, die den Zufall für eine Strafe des Uebermuths ausleg=
ten, beißend genug gewesen seyn, ihm den Wurm vest im
Kopf zu setzen? Diß ist gar nicht wahrscheinlich. Jene kleine
Neider, welche glauben konnten, es sey Uebermuth von Wer=
thern gewesen, sich in hochansehnliche Assembleen zu mischen,
müssen in Ansehung seiner Situation viel zu tief gestan=
den seyn, als daß er sich um diese kriechenden Kreaturen
sollte bekümmert haben.

Wie konnte Werther, da er in den Augen des Verfas=
sers eine große heldenmüthige Seele hatte, durch das nie=
drige Hundegeschwätz von Schurken bis zur gräßlichsten
Raserey entrüstet werden? Lauter gewisse Zeichen eines klei=
nen Geistes, und eines noch viel kleinern Herzens! oder
daß ich es recht sage, Zeichen der gemeinsten Denkungs=
art, die wohl bey Schurken nicht gemeiner seyn kann! —

Von verstorbenen Unvollkommenheiten erzehlen, wenn
sie auch wahr sind, nur um Unvollkommenheit zu sagen,
ist schlecht. Verstorbenen gar pöbelhafte Ausdrücke und
wüthende Rasereyen eines mörderischen Tollsinnigen an=
dichten,

dichten, seine Asche entehren, die Seinige, die ihrer gros-
sen Verdienste wegen alle unsre Verehrung verdienen,
nicht verschonen, sondern dem Gerücht der bösartigen
Welt preiß geben, diß, Freundinn! diß heißt in der
schwärmerischen Sprache mehr als ausserordentlich gros.

Wie lang werden wir dem Geist der Trennung, dem
Feind aller Glückseligkeit, aller Einigkeit, aller Vollkommenheit sklavisch huldigen, diesem trügerischen Götzen
unsre eigennützige Opfer bringen? Er trennt Nationen
von Nationen, zieht eigensinnige Linien zwischen sie her;
und verblendet durch den Schein eines falschen Vor-
theils, sucht jede in dem Ruin der andern eigne Vergrö=
serung. Er wagt sich bis in das Heiligste, verwandelt
Wahrheiten in sectische Meynungen, tödtet Liebe und
Vergebung, unterhält Haß und Verfolgung in der
gährenden Brust von tausend Unglücklichen, welche durch
Gefängniß und Todesstrafe, ja selbst mit Feuer und
Schwerd einander sich zu verfolgen und auszurotten su=
chen. Geharnischt den Helm auf dem Kopf, zeigt
er sich dem eifersüchtigen Bürger, trennt Vater
und Sohn, Mutter und Tochter, Unterthan und Un=
terthan, und reißt die heilige Bänder, welche die Natur
und der Trieb unsrer physischen Erhaltung flechten, blos
wegen eines nachgeahmten Vorzugs, der zur Zeit seines
Ursprungs schon eitle Chimäre war.

Dort jenseits des Grabs stehet der stolze Graf, der
seine Gröse auf dem Stambaum pfropfte, und in ge-
bieterischem Ton ungestümme Befehle von oben herab
fluchte, hoch über ihn erblickt er seinen Fröhner, schämt
sich

sich des ehemaligen Stolzes, fühlt seine Blöße und kränkt sich über den Stand seiner jetzigen Erniedrigung.

Geburt ist ein göttlicher Vorzug, aber nur alsdann, wenn wir Genie und ein gutes Herz durch sie erhalten. Von Ahnen erhalten wir sie nicht immer. Leben Sie wohl!

Neunter Brief.

Witz ist an sich eine leichte Waare, ungefehr wie Blonden. Auch die schönsten sind nur gut zum Negligé, werden weggeworfen, wenn sie einmal getragen sind; schlechte, grobe taugen gar nichts.

Von dieser Gattung sind die witzige Fabrikaturen unsers Verfassers. Es ließ' sich eine grose Musterkarte davon machen, wenn es sich der Müh lohnte.

Im Merz hat sich Werther eine Ader öffnen, ein Messer durch das Herz bohren, und dem ersten, dem besten seinen Degen durch den Leib rennen wollen. Im October will er sich die Brust zerreissen, und das Gehirn einstossen. — Warum schon wieder? — Daß man sich so wenig seyn kann. Ach die Liebe und Freude und Wärme und Wonne, die ich nicht hinzu bringe, wird mir der andre nicht geben, und mit einem ganzen Herzen von Seligkeit werde ich den andern nicht beglücken, der kalt und kraftlos vor mir steht.

Die tolle Brust und das arme Gehirn! Eben so leicht hätte sich Werther auch die Nase abschneiden sollen, weil sie seinem Geruch, und die Ohren, weil sie seinem Gehör so wenig seyn können. Kann ein Mensch sich dem andern wenig seyn, oder soll und muß nicht vielmehr ein Mensch dem

andern

andern alles seyn? Von dem ersten Augenblick, wo er empfangen wird, bis auf den letzten Augenblick seines Lebens ist er sich selbst wenig oder gar nichts; sondern alles, seine ganze Bestimmung hat er von andern seiner Mitmenschen, die Gott nach seiner Weisheit zu seinen nächsten Zeitgenossen macht. Seine äussere Gestalt und die Disposition seines Verstandes sowohl, als seines Willens bekommt er von seiuen Aeltern. Er ist ganz ausser Stand sich selbst zu erhalten, und sie bestimmen seine Erhaltung, seine Gesundheit. Sie geben ihm Begriffe, Kenntnisse und Erfahrung. Tritt er endlich selbst als ein neuer Bürger in die Gesellschaft, so werden diejenige, welche mit ihm im nächsten Verhältniß stehen, die Gesetzgeber seines Willens, die Lehrer seines Verstandes. Nicht er, sondern sie sind es, welche ihn zum Frommen oder zum Böswicht, zum Glücklichen oder zum Unglücklichen machen.

Ja, liebenswürdige Freundinn! nehmen Sie selbst unsern unglücklichen Werther. Gesetzt, das Verhältniß seiner Umstäude hätt ihm das Glück gegönnt, Sie kennen zu lernen, und sich in den Zirkel ihrer tugendhaften Freundinnen zu mischen. Werther würde weder Liebe noch Freude, noch Wärme noch Wonne hinzu gebracht haben, aber sollten nicht die schöne Unterhaltungen ihm alle diese Vortheile gegeben haben? Gleich auf einmal freylich nicht! Das Stück Eiß zergeht auch nicht auf einmal, wenn es an die Sonne gebracht wird; nach und nach, anfangs langsamer; fängt es aber nur einmal an zu fliesen, denn fließt es immer geschwinder, bis das grose Stück endlich ganz und gar verschwindet. — Gelassen würden sie anfangs seine Fantasien angehört, den Verlust seiner Lotte beklagt, sein Schicksal bedauert, und durch gelinde Mittel

D   die

melt ja von schönen Geistern dieser Art, welche an wohlbesetzten Tischen Gott spotten, von dessen Händen sie ihre Speise und Getränke annehmen; die Natur tadeln, deren Gesetze lauter Wohlthun für sie sind, von welcher sie aber kaum eine gemeine Känntniß haben und die Wahrheit mit sinnlosen Anspielungen des Witzes beleidigen. Jeder dieser Unglücklichen weiß gar wohl, und wird es in seinem Innern wider seinen Willen bekennen müssen, daß sinnliche Begierden, welche sich niemals ohne Ausschweifung denken lassen, weder Wahrheit, noch Vollkommenheit sind; er hat nur keine Idee, die lebendig und stark genug wäre, um dem Drang seiner Sinnlichkeit zu widerstehen.

Ist es nun nicht unverantwortlich, wann ein anderer Unglücklicher sich ein Geschäfte macht, rasende Ausschweifungen mit Zucker zu überziehen, und damit seinen armen Nebenmenschen zu vergiften. Wahrhaftig! diese und keine andere kann die Absicht des Verfassers gewesen seyn.

Er wählt zum Gegenstand seiner Geschichte ein Subject, das weder boshaft, noch einfältig, oder sonst in andern Rücksichten schlecht wäre. Nein, er giebt seinem Werther eine zarte, weiche, und zu freundschaftlichen Eindrücken fähige Seele, er giebt ihm mit dieser schönen Seele ein großes Genie, das sich über die Sphäre des gemeinen erhebt; er giebt ihm eine vollkommne gute Erziehung, und legt ihm sogar die wichtigsten Wahrheiten der Religion in den Mund. Nachdem ihn der Verfasser mit allen diesen vortheilhaften Eigenschaften ausgeschmückt, und hoch über seine

Neben

Nebenmenſchen erhoben hat, borgt er ihm mit glei=
cher Freygebigkeit allen Vorrath ſeines ausſchweifenden
Witzes, wenn es drauf ankommt, der Vorſehung, der
Natur und der Wahrheit zu ſpotten.

Spricht hingegen der rechtſchaffne Albert, oder
ſchreibt der gute Wilhelm, ſo verſäumt der Verfaſſer
nicht, um den Contraſt recht abſtechend zu machen, ſol=
che ſchwache, ſolche ſeichte Gründe ihnen anzudichten,
daß ſie ſelbſt durch ihre Vertheidigung die Wahrheit erſt
lächerlich machen müſſen. Der Verfaſſer ſchämt ſich ſo
wenig, daß er in dem letzten Brief uns ſogar weis ma=
chen will, als ſey Werther in den letzten Augenbli=
cken ſo ruhig in ſeiner Seele geweſen, daß er Gott,
der ihm dieſe Wärme, dieſe göttliche Kraft geſchenkt,
gedankt habe.

Heißt denn dieſes nicht den Brand des armen Wer=
thers als etwas groſes, als etwas bewundrungswürdi=
ges abbilden, und denen, welche zu gleichem tödtenden
Brand leicht diſponirt werden können, Ruhe der Seele,
Wärme und göttliche Kraft, auch alsdenn, wenn die
Wuth ihnen die Kugel durch den Kopf jagt, troſtreich
verheiſen. Edle Freundinn! vergeben Sie dem Un=
glücklichen; ſeine böſe Sache entſchuldigen, hieße aus Gü=
te ungerecht werden.

Ich erinnere mich, daß ich Ihnen in meinem er=
ſten Brief verſprochen habe, auch die Folgen zu de=
tailliren, welche nothwendigerweiſe aus dergleichen Grund=
ſätzen entſtehen müſſen. Sollte dieſes traurige Detail
wohl noch nothwendig ſeyn? Iſt Gott, der mich in ſei=
ner

ner gewaltigen Rechte hält, ein Tyrann, wo ist Liebe?
ist die Natur, in der ich lebe, ein Ungeheuer, das zer=
nichtet, wo ist Leben? und ist eine bis zur Raserey aus=
schweifende Sinnlichkeit würdige Gröse des Menschen,
wo ist Wahrheit? Wahrheit, Leben und Liebe verschwin=
den, und Furcht, Tod und Unwahrheit verbreiten eine
schwarze Nacht über uns aus. Und, liebe Freundinn!
ists denn nicht schon allenthalben, wo man Gott, Natur
und Wahrheit verkennt, so finster um den Menschen,
daß er nicht sieht, wo er hingeht, immer an die Grund=
veste der Länder anstößt, und einen Pfeiler nach dem
andern umwirft, und Ungerechtigkeit, Armuth, Noth
und Elend, Winseln und Aechzen den Menschen zube=
reitet? —

Ich weiß zwar, daß die nachgetraumten Träume des
Verfassers, unmöglich von allen, welche durch den fal=
schen Witz geblendet, eine Art von Unterhaltung beym
Lesen gefunden haben, für solide Wahrheiten können an=
genommen werden. Ob aber dieses nicht von vielen ge=
schehen möchte, ist eine Frage, die ich wünschte vernei=
nen zu können. Die Begierde der sinnlichen Liebe ist
größtentheils eine Leidenschaft junger Leute, welche hin=
gerissen von dem Feuer, das in ihren Adern fließt, bis
zur Verwegenheit oder Verzweiflung leicht ausschweifen, so
bald sie sehen, daß sie die Lust ihrer sinnlichen Begier=
de nicht büssen können, ein Umstand, der in Fällen, wo
nur sinnliche Reize und Unsinn die Gebiether unserer
Entschliessungen sind, nicht ungewöhnlich bleiben kann.
Gesetzt auch, nur einer würde bethört, und von dem
tödtenden Brande angesteckt, ist denn auch dieses nicht al=
lein schon betrübt genug? Sein tödtender Brand greift.
um

um sich, steckt seine Nebenmenschen an, und die giftige Seuche wird bis auf die späteste Nachkommenschaft fortgepflanzt.

Liebenswürdige Freundinn! wie sehr sollte es mich freuen, wenn ich die Nachricht von Ihnen erhielte, daß meine Briefe mit ein Heilungsmittel gegen den tödtenden Brand gewesen seyn sollten, womit Werthers Leiden die arme Brust eines Unglücklichen entzündet. Ich würde mich freuen, mehr freuen, als wenn ich tausend Fromme aus der Gefahr ihres Lebens wieder gerettet hätte. Leben Sie wohl!

Eilfter Brief.

Haben Sie nicht die Gespräche über die Leiden des jungen Werthers gelesen? Erst heute sind sie mir zur Hand gekommen, und ich muß sagen, daß ich sie mit eben dem Vergnügen durchgelesen habe, womit ich mich mit Freunden unterhalte, welche mit einem edlen Herzen einen Verstand verbinden, der ihres Herzens würdig ist.

Gleich Anfangs hatten Sie mich gebeten, edle Freundinn! unserm unglücklichen Werther keine Vorwürfe zu machen, und mir hierdurch zu diesen Briefen Anlaß gegeben. Schon in dem ersten versicherte ich Sie, daß Werther keine Vorwürfe von mir zu besorgen hätte, indem ich mir keine Menschen denken könnte, die bloß aus willkührlich boshaften Eigensinn das Unvollkommene wählen.

Auch der Verfasser giebt in seinen Gesprächen zu, daß, so lang die dunkle Ideen, welche zu dieser oder jener Empfindung bestimmen, stärker sind, als die helle Ideen, welche die Unterdrückung wollen, der Mensch auch gezwungen sey, sich dieser Empfindung zu überlassen. Er glaubt aber, daß es von uns abhange, jene dunkle Ideen in helle zu verwandeln. Warum? der Gedanke, sagt er, meine Empfindung ist mir schädlich,

müsse

müſſe jedem Menſchen kommen, und mit dieſem Gedan=
ken der Trieb, ſich von ſeiner Leidenſchaft zu befreyen.

Noch ſehe ich gar nicht ein, wie dieſem Kranken der ge=
ſunde Gedanke kommen könne, ſeine Krankheit ſey ihm
ſchädlich, oder das Unangenehme in ſeiner Leidenſchaft
überwiege das Angenehme. Wie läßt ſich dieſes mit
dem Begriff der Leidenſchaft denken? ſie ſetzt in dem
Kranken einen überwiegenden Drang voraus, ihr alles
mit Vergnügen aufzuopfern.

Der Säufer, der des Nachts nicht geſchlafen, ſich
im Heimgehen den Kopf aufgeſchlagen, und den ganzen
Morgen Schmerzen fühlt, wird des Nachmittags nicht
mit minderer Begierde ſeinen Becher in ſich ſchütten.
Warum? der Sinnliche kennt kein gröſer Vergnügen,
als ſich in der Geſellſchaft ſeiner naſſen Brüder zum
Faß zu machen.

Werther hatte alle Unruhen ſeiner ſinnlichen Leiden
empfunden, er war kaum weg, und kehrte wieder zu
Lotten. Ja als ſeine Leidenſchaft ihm ſein Grab ge=
öffnet, als ſie ihn hin bis zum Rand ſeiner Gruft ſchon
geführt, behält das Angenehme ſeiner ſinnlichen Begier=
den immer das Uebergewicht. Unruhe, Tod und Grab
ſcheint ihm nicht ſchädlich, kein Verluſt.

Der Verfaſſer der Geſpräche verſteht zwar unter dem
Gedanken: mir iſt die Leidenſchaft ſchädlich, nur ei=
ne gewiſſe Art von Unbehaglichkeit; es iſt wahr, ſie kann
in der Seele entſtehen, es iſt wahr, ſie entſtand in der
Seele des Werthers. Allein die Reize des ſinnlichen

D 5 Gegen=

Gegenſtands wirken mit ſolcher Stärke auf den Kranken, daß er, auſſer der Sättigung ſeiner Leidenſchaft in der Welt nichts gröſſeres weis. Er kauft ſie mit Geld, Gefahr, und Leben nicht zu theuer. Der Drang zu ſeinem geliebten Gegenſtand behält immer das Uebergewicht; der Gedanke bleibt Gedanke, ohne Wirkung, ohne Sehnſucht nach Geſundheit.

In einem Verſtande alſo iſt die Idee, welche in dem Kranken aufſteigen ſoll, der Sinnlichkeit zuwider, in dem andern hingegen kann ſie zwar in der Seele entſtehen, bleibt aber nur ein Gedanke.

Muß nicht immer die Urſache ſich in ihrer Wirkung gleichen? Setzen, Werthers geſtrige Situation ſtimmt ihn zur ſinnlichen Liebe; eben dieſe Situation iſt noch heute die nemliche, und die Stimmung ſoll doch anders ſeyn können: Welcher Widerſpruch!

Selig, deſſen glückliche Umſtände ihm eine herrſchende, deutliche, überzeugende Idee von Gott, und dadurch eine dringende gerade Richtung zur Vollkommenheit geben! Noch ſeliger aber der, der auch für die Menſchen ſolche geſegnete Verhältniſſe zu Gott und zur Vollkommenheit bewirkt!

Zwölfter Brief.

Noch eins! Sagen Sie doch, ist Ihnen nicht eine kleine Piece zur Hand gekommen, die ein Trumm einer Comödie vorstellen soll? Verschiedne Personagen treten in derselben auf. Unter andern ein Starmatz, ein niedlich Muster unsrer geistreichen Witzlinge; ein Esel, der erste Esel wegen seiner Einfalt, er verdiente vier Ohren; ein Reuter ohne Kopf, nur schade daß er auf einem edlen Pferd hergeritten kommt; ein Hannswurst, der schmutzigste Possenreiser in dem Geschmack des gelehrten Pöbels; auch satyrisch quackende Frösche in faulen Pfützen. Was aber Starmatz, Esel, Reuter, Hannswurst und Frösche an Niederträchtigkeit übertrift, ist der Verachtungswürdige Prometheus. Ich muß Ihnen das ganze Räthsel erklären.

Ein Schwärmer unsrer Zeit phantasirte, und ließ einige Phantasien seiner Fieberhitze drucken, in der gewissen Meynung, solche Träume würden mit allgemeinem Beyfall aufgenommen werden. Gegen alles Vermuthen geschah dieses nicht. Wer vorher phantasirte, fieng nun an zu rasen. Jetzt glaubte der aufgeblasene Stolze, er sey Prometheus, und säße mitten unter den Göttern. In dieser lächerlichen Positur spricht er mit seinen Gegnern, die er als Narren aufführt, oder als unvernünftiges Vieh im Staube vor sich hertreiben läßt. Durch-

aus

aus herrſcht die pöbelhafteſte unflätigſte Sprache und doch der ausgelaſſenſte Stolz, und verräth, weß Geiſtes Kind Prometheus iſt. —

Er iſt der würdige Verfaſſer der Leiden des jungen Werthers. Sagen Sie dieſes Allen, welche an dieſem Buch Freude haben finden können. Der beſte Beweis, ſie ihres irrigen Beyfalls zu beſchämen! Leben Sie wohl!

Druckfehler.

Seite 4. in der 20sten Zeile statt Freunde, lese: Feinde.

— 5. — 10ten — — sich selbst zu überlassen, lese
sich selbst überlasse zu seyn

— 7. — 20sten — — geographischen, lese: geo‐
graphischer.

— 8. — 24sten — — behaftenden, lese: behaf‐
teten.

—12. — 14ten — — Receptiritåt, lese: Recepti‐
vitåt.

—14. — 2ten — — diefes, lese: eines.

—16. — 2ten — — Laftern, lese: Laften.